対訳でたのしむ

卒都婆小町

そとわこまち

檜書店

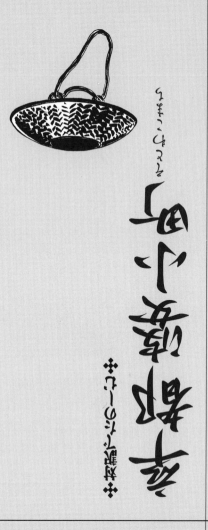

目次

凡例

一、下段の謡本文及び舞台図（松野奏風筆）は観世流大成版によった。

一、下段の大成版本文は、横道萬里雄氏の小段理論に従って、段・小段・節・句に分けた。それらはほぼ上段の対訳部分と対応するように配置した。

一、下段の謡本文の句読点は、大成版の句点を用いず、また小段内の節の切れ目で改行した。

一、小段名は舞事などを含む囃子事は〔　〕で、謡事は［　］で括り示した。

一、対訳本文の段は算用数字の通し番号で示して改行し、はじめにその段全体の要約と舞台展開、観世流とその他の流派との主な本文異同を中心に説明を付した。

卒都婆小町

（そとわこまち）

竹本幹夫

〈卒都婆小町〉（そとわこまち／そとばこまち〔宝生・金春・金剛〕／そとわごまち〔喜多〕）

高野山（こうやさん）より都に上る二人の僧（ワキ・ワキツレ）が、出家の境涯を語りながら歩みを運ぶ。一方、一人の乞食（こつじき）の老婆（シテ）が、美貌を誇った昔にひきかえ、百歳に達した老残の身を歎きながら、月と共に都を忍び出で、鳥羽（とば）のあたりから桂川の川瀬舟を眺めやる。そして歩き疲れて道ばたの朽木（くちき）に腰掛けて休む。その姿を目にした僧は、老女の腰掛けているのが卒都婆であることに気付き、他で休むようにと言葉をかける。ところが老婆は言うことを聞かず、互いに言いつのって卒都婆に腰掛けることについての理非を争うが、老婆は巧みに僧の詰問をかわし、一見非礼な自分の行為も、一種の仏縁で、衆生（しゅじょう）をすべて救おうという仏の誓願に適ったことだと述べるや、僧たちはその道理に伏して老婆を礼拝する。老婆は二人をあざ笑うが、感心した僧に昔の名を問われて、小野小町のなれの果てであることを明かす。昔日の評判とは裏腹な惨めなわが身を恥じる小町に、僧は現在のなりわいを尋ねる。物乞いの日々を語るうち、小町は突然狂乱する。小町の異変に驚いた僧が何者が憑依（ひょうい）したのかと尋ねると、深草（ふかくさ）の四位（しい）の少将の霊が、小町邸の戸外の牛車の榻（しじ）（車のながえを置く台。乗降に際しては踏み台にもなる）に夜ごと通って九十九夜目に急死した怨念により、今も憑（つ）き祟（たた）り狂乱させるのだと述べる。僧は後世菩提を願う事こそが真の人のあり方であること、仏に仕えて悟りの境地を目指すべきことを諭す。

《この能の魅力》

〈卒都婆小町〉は現存する最古の能の一つであり、観世流祖観阿弥以来、演じ継がれてきた名曲である。もっとも世阿弥時代に、長大であった観阿弥原作を大幅に切り詰めたことが、『申楽談儀』第十四条に見える。道行謡でシテは都南郊の鳥羽から桂川の辺に出たというのに、下掛り諸流の謡本によればワキは阿部野（大阪市阿倍野）の松原でシテに出会うという場所の隔たりは、世阿弥時代の短縮化の名残とも言える。ただしこの割愛は本作を緊張感のある引き締まった印象にする効果があり、世阿弥時代には一座を代表する人気曲であった。その地位は今日でも揺るがない。

観世流では四番目物、流派により三番目物とする老女物であるが、閑寂な趣を特色とする多くの老女物の中で、際立って個性的でダイナミックな作品である。弘法大師空海を思わせる高僧のワキを卒都婆の功徳をめぐる論戦で見事にやり込め、あざ笑う。そして名を問われるや、一転して過去を告白、今昔の落差を見せつけた挙げ句に、突然深草の少将の妄念が憑き祟って百夜通いの様を見せる。この筋立ては、恐らくは中間部分の割愛の結果であろう。そのために主題が二極分化しているように見えるものの、間然するところのない息を継がせぬ展開と言ってよく、観阿弥原作の魅力と共に、世阿弥の改訂の妙を楽しめるところでもある。

普通の老女物のようにやたらに重いこともなく、九十分ほどという上演時間も、実は人気の秘密であろう。間合い良く演じて効果を発揮する点で、〈自然居士〉などの観阿弥作品とも通底する。後代の能にはない原作の躍動感からあふれ出る老女小町の人間性と、世阿弥流に改訂された緊密な構成から生まれる美しい舞台効果を共に楽しんで頂きたい。

【作者】『申楽談儀』に「小町」を観阿作とする。「小町」とは本曲のことで、確実な観阿弥作である。ただし同書に世阿弥時代になってからシテ登場の段の道行の後半と、小町が幣帛を捧げると和歌神玉津島明神の御先の烏が登場する段とを割愛した由を言う。

【題材】延慶本平家物語巻九「通盛北の方に逢ひ初むる事」等複数の諸本、『奥義抄』等、『玉造小町子壮衰書』、『雑談集』等に小町や百夜通い、卒都婆問答の関連説話。

【場面】現行下掛り諸流は場所を阿部野の松原とするが、シテ道行の本来の終着点を高野山麓天野にある丹生都比売神社（玉津島明神と同体とも）辺とする説もある。

【登場人物】

シテ　百歳の老女小町（面は姥。流儀により老女・痩女等）

ワキ　高野山の僧

ワキツレ　同行の僧一人

1

僧たちの登場　〔次第〕の囃子が始まると幕が上がり、角帽子・水衣に着流し姿の高野山の僧（ワキ）が同伴の僧（ワキツレ）一人と共に静かに登場する。二人は正面に出て向き合い、山住みの出家の心を託した〔次第〕の謡を謡う。地謡が〔次第〕を低音で繰り返す「地取り」の後、ワキは正面を向き、ツレはその場に着座して〔名ノリ〕となり、また向き合って道行の謡〔サシ〕〔下ゲ歌〕〔上ゲ歌〕を謡う。出家するに至った自らの心情を述べ、出家・行脚の生活こそが真のあり方であることを共に語り合いながら旅を進める様子の後、阿部野（ワキ方の流儀により鳥羽とする場合もある）に着いたとの〔着キゼリフ〕を言い（下掛り諸流もほぼ同文）、共に脇座に着座する。

下掛り宝生流を含む下掛り諸流は、「高野住山（ジュウセンとも）の僧」と名乗り、「霊仏霊社参詣のための上洛という。また〔サシ〕の「如来の仏教に遇ひ奉る事」は観世以外のすべてが「如来の教法に遇ふ事（文字遣いは流儀により不定。以下類例は一々断らない）」、［上ゲ歌］も下宝も含めた下掛り諸流は「泊る身の」以下が「泊まるこそ、げに捨つる身の習ひなれ」となる。なおこの［上ゲ歌］は〈花月〉のワキ登場の段の謡と同文である。

〔次第〕　大鼓・小鼓と笛であしらう、物静かな登場楽。

僧たち　山は人里近い浅い山ながら、山は人里近い浅い山ながら、そこに隠れ住んで一心に修行する我らの心こそは、深いと言えようか。

僧　私どもは高野山から下ってきた僧でございます。私はこのたび都に上ろうと思います。

僧　そもそも釈迦如来（しゃかにょらい）はすでに世を去られ、次に衆生（しゅじょう）をお救い下さるはずの弥勒仏（みろくぶつ）はいまだこの世にはお出ましにならぬ。

僧たち　夢のようにはかない、二仏の出世の間の空白の

〔次第〕

〔次第〕
ワキ・ワキツレ　〽山は浅きに隠処（カクレガ）の、山は浅きに隠処の、深きや心なるらん。

［名ノリ］
ワキ　〽これは高野山（コオヤサン）より出でたる僧にて候、我この度（タビ）都に上（ノボ）らばやと思ひ（イ）候

［サシ］
ワキ　〽それ前仏（ゼンブッタ）は既（スデ）に去り、後（ゴ）仏（ブッタ）は未（イマ）だ世に出でず、

ワキ・ワキツレ　〽夢の中間（チウゲン）に生（ン）まれ来て、

世に生まれてきた我らは、何を現実と思えば良いのか。偶然にも滅多に生まれることの出来ないはずの人間として生を受け、さらに出会うことのむつかしい仏の教えに出で（い）会い奉ったことは、これこそが悟りの道への第一歩なのだと

僧たち ひとえに思い染めて、薄い単衣（ひとえ）の墨染めの僧衣を着る身となって。

僧たち 前世の因縁を知ってしまえば、六道輪廻（ろくどうりんね）する中でこの世にあるという事実を知ってしまえば、愛情を持って労り（いたわ）かしずく親というもののもまことの存在ではなく、親がないものであるならば、自分自身の心を占めるはずの子というもののもまた実体のない存在である。子のためならずとも千里の道のりも遠しとせずに、悟りを求めて行脚（あんぎゃ）野宿し、また山林にとどまり修行を送るこの身には、これこそが永遠の住処（すみか）なのだ。これこそが本来あるべきまことの境涯なのだ。

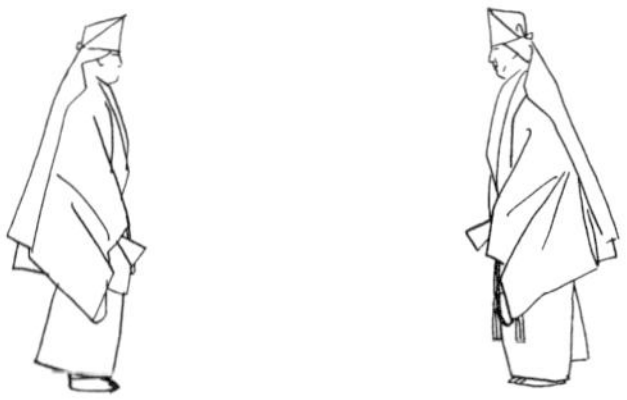

何を現と思ふべき、たまたま受け難き人身を受け、遇ひ難き如来の仏教に遇ひ奉る事、これぞ悟りの種なると

[下ゲ歌]

ワキ ワキツレ 〽おもふ心も一重なる、墨の衣に身をなして。

[上ゲ歌]

ワキ ワキツレ 〽生まれぬ前の身を知れば、生まれぬ前の身を知れば、憐むべき親もなし、親のなければ我が為に、心を留むる子もなし。千里を行くも遠からず、野に臥し山に泊る身の、これぞ真の住処なる、これぞ真の住処なる。

（ワキ着セリフアリ）

2

小町の登場　まず後見が幕から床几に用いる鬘桶を持って、舞台の真ん中（正中）に据える。朽ち果てた材木の卒都婆を表す（床几を出さない演出もある）。〔習ノ次第〕の囃子が始まると幕が上がり、笠を被り、杖をついた乞食の老婆（シテ・実は小野小町のなれのはて）が静かに登場、橋掛りで休息する所作を見せることもある。そして舞台に入り、常座に立つ。〔上ゲ歌〕の後半でシテは杖で体を支えるように両手を重ね前に突いて川舟を眺める所作をする。謡い終えて後、〔（着キゼリフ）〕を言い、笠を脱いで手に持ち、舞台中央の床几に腰を掛ける。

〔サシ〕の「託言ばかりに散り初むる」が下掛り諸流は「咲き初むる」、「嬉しからぬ月日」が観世以外の諸流は「嬉しからざる月日」、最後の「候」は同じく四流とも「サムロオ」と謡う。シテの〔（着キゼリフ）〕の冒頭に、金春のみは「これはや津の国阿部野の松原とかや申し候」が入る。

〔習ノ次第〕　一般の〔次第〕よりもさらに静かに重々しく演奏する登場楽。大鼓・小鼓と笛で奏する。橋掛りの途中でシテが休息の所作をする時などに、大小鼓は特殊な手を打つ。

小町　私は浮き草のような寄る辺ない身ながらその浮き草を招く誘い水も、今や根無し草となってしまった私を誘うような人も、誰一人いないのは何とも悲しい。

小町　ああまさにかつての私は、自らの美貌に恐い物知らずになるだけはあって、緑なす黒髪は流れるように波打ち、まるで柳の枝が春風に靡いているようであったのに。また鶯のさえずるような美しい声は、秋風がそっと吹いて露を含んだ糸萩の、可憐な花が散り初めた、そんな風情よりもさらに魅力にあふれていたものなのに。それが今は賤しい庶民の女にも汚がられ、散々恥ずかしい思いをした挙げ句に、ありがたくもない歳月はわが身に積み重なって、とうとう百歳の婆さんになってしまいました。

〔習ノ次第〕

〔次第〕
シテ　へ身は浮草を誘ふ水、身は浮草を誘ふ水、なきこそ悲しかりけれ。

〔サシ〕
シテ　へ哀れやげに古は、憍慢最も甚しう、翡翠の髪状は婀娜と嫋やかにして、楊柳の春の風に靡くが如し、また鶯舌の囀りは、露を含める糸萩の、託言ばかりに散り初むる、花よりもなほめづらしや、今は民間賤の女にさへ穢まれ、諸人に恥をさらし、嬉しからぬ月日身に積つて、百歳の姥となりて候

小町 京の都は人目がうるさく、もしやあれはと指さされるのが嫌さに夕闇に紛れて。

小町 月の出と共に都を出発する。月と連れ立つように都の西に忍び出でる。こうすれば厳しい皇居警備の衛士(えじ)だって、こんな情けない姿をよもや見咎(みとが)めまい。だから木(こ)の間(ま)隠れの月に倣(なら)って隠れがくれに進んでは来たが、私の場合は無駄というもの。名所の鳥羽の恋塚や秋の山がこれでは木が邪魔でよく見えず、月夜の桂川を進む川舟の、漕(こ)いで行く人の風情(ふぜい)もはっきりしない。せっかくの月夜の風流な川舟も、一体どんな人が漕いで行くのやら。

小町 あまりに歩き疲れたので、ここにある朽木に腰を掛けて休息することにしよう。

3

小町と僧の卒都婆問答　乞食の老婆（シテ）が朽

［下ゲ歌］
シテ〽都は人目(ヒトメ)つつましや、もしもそれとか夕(イウ)まぐれ。

［上ゲ歌］
シテ〽月諸共(モロトモ)に出でて行く、月諸共に出でて行く、雲居百敷(クモヰモモシキ)や、大内山(オオウチヤマ)の山守(ヤマモリ)も、かかる憂(ウ)き身はよも咎(トガ)めじ、木隠(コガク)れて由(ヨシ)なや。鳥羽(トバ)の恋塚(コイヅカ)秋の山、月の桂の川瀬舟(カワセブネ)、漕(コ)ぎ行く人は誰(タレ)やらん、漕ぎ行く人は誰やらん。

［着キゼリフ］
シテ〽余りに苦しう候程に、これなる朽木(クチキ)に腰をかけて休まばやと思ひ(イ)候

木に腰掛けた後、僧たち（ワキ・ワキツレ）は立ち上がってセリフを言う。シテを見付け、ワキは脇座に、ワキツレはシテの後ろを通って目付柱（めつけばしら）前に行き、シテを囲んで三角形の形に立って言葉を掛ける。以下、朽木に座ったシテとそれを取り囲んだワキ・ワキツレとの応対となる。［上ゲ歌］でワキツレは脇座（わきざ）に戻って座り、その後こちらに向いたシテに対して、ワキは数歩下がり膝を突き、両手をついて礼をする。最後の［歌］でシテはつと座を立って二人に背を向け、常座の方に歩み去ろうと数歩進む。

冒頭のワキのセリフ、下掛り宝生流は「わき なふなふこれなる乞丐人御覧候へ、あら浅ましとやつれ果て候や、腰をかけたるは卒都婆にては候はぬか、教化してのけばやと思ひ候　つれ 尤もにて候」があり、小町に言葉を掛けて卒都婆問答となる。以下小異がある。また、「卒都婆」を「ソトバ」と読むか「ソトワ」と読むかは、観世でも両様あるが諸流も同じで、喜多が観世と同じ他は、諸流で微妙に相違する。［上ゲ歌］冒頭「元より愚痴の凡夫を」に観世・金春以外の諸流は返し句がある。

僧 もうし、すでに日が暮れました。道を急ぎましょう。やや、ここにいる乞食が腰掛けているのは、確かに卒都婆です。教え諭して立ち去らせましょう。

僧 これこれそこの物乞いよ。お前の腰掛けているのは、勿体(もったい)なくも仏体を象(かたど)った卒都婆ではないか。そこを立ち退いて他の所で休みなさい。

小町 仏体が表されたありがたいものとはおっしゃるが、こんなに文字もかすれて見えなくなっていて、それらしく削った跡もない。ただの朽木としか見えないよ。

僧 たとえ奥山の見栄えのしない木でも、花が咲けば桜とははっきりわかろうというもの。ましてや仏体の本性を彫刻した木なのだから、どうして見分けの付かないことがあるものか。

小町 私だって賤しい埋もれ木のような身だけれど、こう見えても心にはまだ風雅の花があるのだか

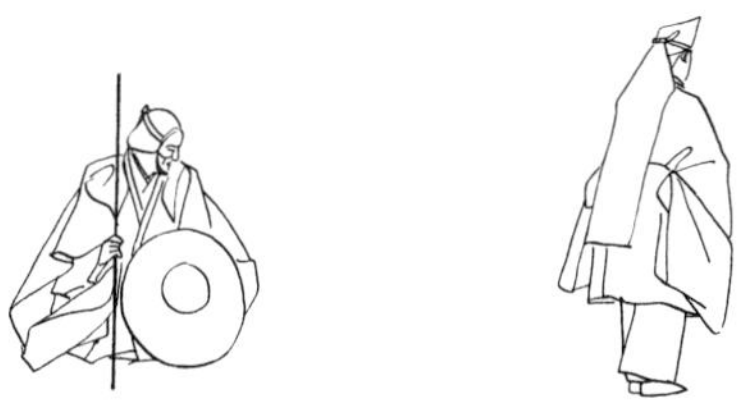

[問答]

ワキ〽なう(ノオ)はや日の暮れて候、道を急がう(ゴオ)ずるにて候、や、これなる乞食(コツジキ)の腰かけたるは、正(マサ)しく卒都婆(ソトバ)にて候、教化(キョオケ)して退(ノ)けう(キョオ)ずるにて候

[問答]

ワキ〽いかにこれなる乞丐人(コツガイニン)、おことの腰かけたるは、忝(カタジケナ)くも仏体色相(ブッタイシキショオ)の卒都婆にてはなきか、其処(ソコ)立ち退(ノ)きて余(ヨ)の所に休み候へ(エ)

シテ〽仏体色相(ブッタイシキショオ)の忝(カタジケナ)きとは宣(ノタマ)へ(エ)ども、これ程に文字(モジ)も見えず、刻(キザ)める像(カタチ)もなしただ朽木(クチキ)とこそ見えたれ

[掛ケ合]

ワキ〽たとひ深山(ミヤマ)の朽木なりとも、花咲きし木は隠れなし、況(イワ)んや仏体に刻(キザ)める木(キ)、などか證(シルシ)のなかるべき

シテ〽我も賤(イヤ)しき埋木(ンモレギ)なれども、心の花のまだあれば、

ら、こうして座れば仏の手向(たむ)けにどうしてならないものかね。ところで仏体だというそのわけはなんだい。

従僧　そもそも卒都婆とは大日如来(だいにちにょらい)の一番弟子・金剛薩埵菩薩(こんごうさったぼさつ)が仮にこの世に姿を現し、衆生を導こうとの大日の誓願の形を表されたものだぞよ。

小町　その表した形とは何だ。

僧　卒都婆の五輪の形こそは宇宙の五大元素・地水火風空の象徴なのじゃ。

小町　五大とやら五輪とやらは人の五体にも備わっているのだから、卒都婆と私の体に区別なんかがあるものか。

従僧　外見は同じように見えても、中味や功徳は大違いだろう。

小町　それなら卒都婆の功徳とは何なのだい。

手向(タムケ)になどかならざらん、さて仏体たるべき謂(イワ)はれは如何(イカ)に

ワキツレ〽それ卒都婆は金剛薩埵(コンゴオサッタ)、仮(カリ)に出化(シュッケ)して三摩耶形(サマヤギョオ)を行(オコナ)ひ給(オ)ふ

シテ〽行(オコナ)ひなせる形(カタチ)は如何(イカ)に

ワキ〽地水火風空(チスイクワフウクウ)

シテ〽五大五輪(ゴタイゴリン)は人の体(タイ)、何(ナニ)し隔(ヘダ)てあるべきぞ

ワキツレ〽形はそれに違(タガワ)はずとも、心功徳(ココロクドク)は変(カワ)るべし

シテ〽さて卒都婆(ソトワ)の功徳(クドク)は如何(イカ)に

僧　一度卒都婆を拝めば永久に地獄・餓鬼・畜生の三悪道から逃れることが出来ようぞ。

小町　一瞬だけ仏道に向かおうとの菩提心(ぼだいしん)を起こせば百千の堂塔供養に勝ると言うではないか。どうして卒都婆の功徳に劣ろうか。

従僧　菩提心があるというのなら、どうして憂き世を捨てて出家しようとしないのか。

小町　外見で憂き世を捨てているかどうか判断出来るものか。心こそが憂き世を厭うものだろう。

僧　仏道心のかけらもないので卒都婆とわからなかったのだろうが。

小町　仏だとわかっていたからこそ卒都婆には近付いたのだよ。

従僧　それならなぜ礼拝せずに尻の下に敷いたりなんぞしたのか。

ワキ〽一見(イッケン)卒都婆(ソトバ)永離(ヨオリ)三悪道(サンナクドオ)

シテ〽一念発起(イチネンホッキ)菩提心(ボダイシン)、それもいかでか劣(オト)るべき

ワキツレ〽菩提心あらばなど浮世をば厭(イト)はぬぞ

シテ〽姿が世をも厭(イト)はばこそ心こそ厭(イト)へ、

ワキ〽心なき身なればこそ、仏(ブッ)体(タイ)をば知らざるらめ

シテ〽仏体と知ればこそ卒都(ソト)婆(ワ)には近づきたれ

ワキツレ〽さらばなど礼(ライ)をばなさで敷(シ)きたるぞ

小町　どうせ横倒れのこの卒都婆、私が座って何が悪い。

僧　それは正しい仏縁ではないだろう。

小町　悪事から仏縁を結んで往生することだってあろうぞ。

従僧　提婆達多(だいばだった)のような悪行も、

小町　観世音菩薩の慈悲心も、真理の前では同じこと。

僧　槃特(はんどく)のような愚かしさも、

小町　文殊菩薩(もんじゅぼさつ)の知恵も、真理に対しては同じこと。

従僧　悪というのも、

小町　善と一体で本来差別がないのだ。

僧　人間の迷いというのも、

シテ〽とても臥(フ)したるこの卒(ソ)都婆(トワ)、我も休むは苦しいか

ワキ〽それは順縁(ジュンネン)に外(ハヅ)れたり

シテ〽逆縁(ギャクエン)なりと浮かむべし

ワキツレ〽提婆(ダイバ)が悪(アク)も

シテ〽観音(クワンノン)の慈悲(ジヒ)、

ワキ〽槃特(ハンドク)が愚痴(グチ)も

シテ〽文殊(モンジュ)の智慧(チエ)、

ワキツレ〽悪(アク)と言(イ)ふ(ウ)も

シテ〽善(ゼン)なり、

ワキ〽煩悩(ボンノオ)と言(イ)ふ(ウ)も

小町　すなわち悟りの境地と一つなのだ。

従僧　菩提と言っても本来は、

小町　釈迦が悟りを開いたのが菩提樹(ぼだいじゅ)の下だったことからの譬(たと)えで樹木のことではなく、

僧　明鏡(みょうきょう)ということもまた、

小町　澄み切った鏡を悟りの心に喩(たと)えたもので鏡台にある鏡のことではない。

地　まことに本来無一物で一切が空(くう)であるとの真理からは、人間世界の価値観は無意味となり、悟りを開いた仏も、迷える衆生も何の違いもないはず。

地　元々仏の誓願とは愚かな人間たちを、この世の苦しみから救おうがための手段として、深い慈悲心から発せられたものなのだから、たとえ逆縁であろうとも成仏は出来ようと、懇々と語り

シテ　〽菩提(ボダイ)なり、

ワキツレ　〽菩提もと

シテ　〽植木(ウヱキ)にあらず、

ワキ　〽明鏡(ミヨオキヨオ)また

シテ　〽台(ウテナ)になし

[歌]

地　〽げに本来一物(ホンライイチモツ)なき時は、仏(ホトケ)も衆生(シュジョオ)も隔(ヘダ)てなし

[上ゲ歌]

地　〽元より愚痴(グチ)の凡夫(ボンブ)を、救(スク)は(ワ)ん為の方便(ホオベン)の、深き誓(チカイ)ひの願(グワン)なれば、逆縁(ギャクエン)なりと浮かむべしと、懇(ネンゴロ)に申せば。

聞かせると。
まことに悟りの境地に達した乞食であったよと、僧たちは額を地に付けて、三拝をされたので、

小町 私はこの時勢い付いて、さらにからかいの歌を詠んだ。

小町 極楽の内ならばこそ悪しからめそとは何かは苦しかるべき
（仏の極楽世界の内ならば仏体への不敬はまずかろう。朽ちた卒都婆に腰かけようと、そとは不都合などあるものか。）

地 面白くもない坊さんの説教だよ、不愉快な坊さんの説教だよ。

4

小町の物語　僧（ワキ）は立ち去ろうとする老婆（シテ）を呼び止め、名を問うと、老婆は舞台中央に静かに戻って来て座り、小野小町のなれの果てだ

真(マコト)に悟(サト)れる非人(ヒニン)なりとて、僧は頭(コオベ)を地(チ)につけて、三度(サンド)礼(ライ)し給(エ)へば

シテ〽我はこの時力を得(エ)、なほ(オ)戯(タワム)れの歌を詠(ヨ)む

［下ノ詠］
シテ〽極楽(ゴクラク)の、内ならばこそ悪(ア)しからめ、そとは何(ナニ)かは、苦しかるべき。

［歌］
地〽むつかしの僧の教化(キョオケ)や、むつかしの僧の教化や。

と明かす。驚くワキに、シテは「まこと優なる有様の」の［下ゲ歌］の終わりに、立って常座に行き、昔にひきかえ老いさらばえたわが身を恥じる。続く［ロンギ］では、問われるままに表意の所作を交えて乞食のなりわいを語り、笠を両手で前に出して目付柱に進み、物乞いの様をするが、「乞ひ得ぬ時は」と言うや、突然怒りの心を起こし、表情が激変して、憑(つ)き物が憑いた様子で杖を捨てる。

この段の冒頭のワキとシテの応答が、下掛り宝生流は「(わき)これは心ある乞丐人にて候、古の名を尋ねばやと思ひ候　いかに乞丐人、古はいかなる者ぞ、名を名乗りたらば亡き跡を弔ひ候べし　(して)跡を弔ふて給はり候はば、恥ずかしながら古の名を名乗り候べし」となる。下掛り諸流はこれとほぼ同様、また宝生流ではシテの応答の文句の後に「名帳(ミョオチョオ)に入れてなからん跡を弔ひて賜り候へ　(ワキ)なかなかの事名帳に入れて弔ひ候べし、先づ名を御名のり候へ」とあってシテの［名ノリグリ］となる。［名ノリグリ］の「良実が女」が金春は「息女」となる。［サシ］の「白粉を絶やさず」が「絶ェさず」（宝）、「絶えさず」（喜）、「たえせず」（剛）となる。

［問答］

ワキ 〽さておことは如何なる人ぞ名を御名のり候へ

主僧 さてお前はどのようなお人か名前をお名乗りなさい。

「羅綾の」以下が宝生・喜多は地謡となる。次の「桂殿の間に余りしぞかし」の後に、下掛り諸流は以下の部分が入る（喜多流本に基づき、文字遣いは適宜改めた）。その他にも小異が多い。

「してされば容色を事とし、同音遠きは忍ぶ思ひをなし、近きは愁へ（愁い・春）の心を尽す、してされば碧浪の水濱（翠鬢・春、翠鬢・剛）を畳み、同音彩雲の翠嶺に廻れるが如し、して暐曄整へる有様は、同音芙蓉の暁の波に浮かめるに異ならず。」（小町さて容姿を磨くことに専念したので、地遠方の男たちは私を心に思い描いて恋い焦がれ、近在の男たちは私への恋の悩みに憔悴しきったものだった。小町私の袖や袂は、蒼波が緑の浜辺に打ち寄せるかのように、地また夕暮れの雲が青々とした峯の周りに纏わるかのように素晴らしく、光り輝くばかりに着こなしたその姿は、まさに美しい睡蓮が明け方の池の波に浮かんでいるかの風情であった。）

小町 恥ずかしいけれど名前を名乗りましょう。

小町 私は出羽国(でわのくに)の郡長官・小野良実(おののよしざね)の娘で、小野小町のなれの果てでございます。

僧たち いたわしや小町といえば、昔は美しい人で、花のような顔立ちは光り輝き、三日月のような黛(まゆずみ)は青々と描かれ、常に化粧を怠らず、薄絹や綾の衣を数多く持っていて、御殿の中にあふれるほどであったとか。

小町 和歌を詠み漢詩を作り、

地 酔いを誘う盃を手に取れば、天の河にかかる月が盃に浮かび、袖の上で静かに揺れている。

地 まことに優雅なその暮らしが、いつの間にか昔とはうって変わって。

地 頭には真っ白なボウボウの髪が生い、上品でなまめかしかった鬢(びん)の髪も、荒れ悴(かじ)けた肌に貼り

シテ〽恥かしながら名を名のり候べし

［名ノリグリ］

シテ〽これは出羽(デワ)の郡司(グンジ)、小野(ヲノ)の良実(ヨシザネ)が女(ムスメ)、小野の小町がなれる果(ハテ)にてさむら(ロ)ふ(オ)なり

［サシ］

ワキ
ワキツレ〽傷(イタワ)はしやな小町は、さも古(イニシエ)は優女(イウヂョ)にて、花の貌(カタチ)輝(カカヤ)き、桂(カツラ)の黛(マユズミ)青(アヲ)う(オ)して、白(ハク)粉(フン)を絶やさず、羅綾(ラリョオ)の衣(コロモ)多(オオ)う(オ)して、桂殿(ケイデン)の間(アイダ)に余りしぞかし、

シテ〽歌を詠(ヨ)み詩を作り、

地〽酔(エイ)を勧(スス)むる觴(サカヅキ)は、漢月(カンゲツ)袖に静かなり、

［下ゲ歌］

地〽まこと優(イウ)なる有様の、何(イ)時(ツ)その程に引きかへ(エ)て。

［上ゲ歌］

地〽頭(コオベ)には、霜蓬(ソオホオ)を戴(イタダ)き、嬋(セン)

付いて薄汚れ、黛も乱れ汚れて、美しい曲線を描いていた眉からも、遠くの山を見るようなうっすらとした風情は失せてしまった。

地　百歳に一年足りぬとんでもない老婆の白髪頭と歌にも歌われる白髪を振り乱し、こんなみじめな思いもあったのか、有明月（ありあけづき）に姿をさらすのも恥ずかしいわが身の有様よ。

地　首からぶら下げている袋には、どんなものを入れているのかね。

小町　今日の命の保証もないが、明日の飢えを凌（しの）ごうと、粟（あわ）や豆を干したのを、袋に入れて持っているのさ。

地　背中に背負った袋には、

小町　垢（あか）と膏（あぶら）で汚れた衣服が入っているよ。

地　臂（ひじ）にぶら下げた籠には、

娟（ゲン）たりし両鬢（リョオビン）も、膚（ハダエ）に悴（カシ）けて墨（スミ）乱れ、宛転（エンネン）たりし双蛾（ソオガ）も、遠山（エザン）の色を失ふ（ウシノオ）。

［下ゲ歌］

地　〽百歳（モモトセ）に、一歳（ヒトトセ）足らぬ九十（ツク）九髪（モガミ）、かかる思ひ（イ）は有明（アリアケ）の、影恥かしき我が身かな。

［ロンギ］

地　〽頸（クビ）に懸（カ）けたる袋には、如（イ）何（カ）なる物を入れたるぞ、

シテ　〽今日（キョオ）も命（イノチ）は知らねども、明日（アス）の飢（ウエ）を助（タス）けんと、粟豆（ゾクトオ）の乾飯（カレイイ）を、袋に入れて持ちたるよ、

地　〽後（ウシロ）に負（オエ）へる袋には、

シテ　〽垢膩（クニ）の垢（アカ）づける衣あり、

地　〽臂（ヒヂ）に懸（カ）けたる簣（アジカ）には、

小町 慈姑(くわい)の白いのや青黒いのが入っているよ。

地 破れた雨具に

小町 破れた笠をかぶり、

地 これでは顔も隠しきれないほどなので、

小町 ましてや霜や雪や雨や露を防ぐどころか、

地 涙すら覆い隠せるような、まともな袂(たもと)も袖もありはしない。今は道ばたにさまよい歩き、通行人に物乞いをする生活。何も実入りがなければ怒りが胸を突き、さらには狂乱の思いに動かされて、と言うやいなや声も変わり異様な様子になった。

5

小町の狂乱　狂乱した小町（シテ）は、再び笠を差し出して僧（ワキ）に施(ほどこ)し物を強請しようとする。

シテ 〽白黒(ハッコク)の慈姑(クワキ)あり、

地 〽破(ヤブ)れ蓑(ミノ)

シテ 〽破(ヤブ)れ笠(ガサ)、

地 〽面(オモテ)ばかりも隠(カク)さねば、

シテ 〽まして霜雪雨露(シモユキアメツユ)、

地 〽涙をだにも抑(オソオ)うべき、袂(タモト)も袖もあらばこそ、今は路頭(ロトオ)にさそらひ、往来(ユキキ)の人に物を乞(コオ)ふ、乞(イ)ひ得ぬ時は悪心(アクシン)、また狂乱(キョオラン)の心つきて、声変(カワ)りけしからず

ワキは着座のまま応対する。驚くワキに問われて、シテは自ら若かりし小町に最も深く執心していた深草（ふかくさ）の四位少将（しいのしょうしょう）の怨霊だと名乗り、憑き物に狂乱する様子で表意の所作を見せる。そして〔上ゲ歌〕で、今宵も小町の元まで通うために身支度をしようと、常座に向かい、そのまま後見座に行き、〔物着（ものぎ）〕となる。

〔問答〕の「小町が許へ通はうよなう」が、下掛り諸流は「お僧なう小町が許へ通ふ（通はう・剛によ」（喜多流本文による）となり、ワキの応対の「現なき事をば申すぞ」が「宣ふぞ」となるなど諸流と小異がある。

小町　ねえ何かおくれよ、お坊様よ、ねえ。

僧　一体どうした。

小町　小町のところにさあ通おうよ。

僧　お前こそ小町なのに。なぜわけもないことを言うのだ。

〔問答〕

シテ〽なう（ノオ）物賜（タ）べなう（ノオ）お僧なう（ノオ）

ワキ〽何事（ナニ）ぞ

シテ〽小町が許（モト）へ（エ）通（カヨ）はう（ヲ）よ（オ）なう（ノオ）

ワキ〽おことこそ小町よ、何（ナニ）とて現（ウツツ）なき事をば申すぞ

小町 いやいやそうではない。小町という人は、あまりに恋の理想が高くて、方々から降るように送られてくる恋文は、五月雨(さみだれ)空のかき曇るほど。そら言でもよいのにたった一度の返事も出したことがないままに一生を貫き通し、今や百歳になったというその時に報(むく)いが来て、ああ寂しくて人恋しい、ああ人恋しい。

僧 人間が恋しいとは、さてお前には一体どういうものが憑き祟っているのか。

小町 小町に思いを懸けた人はたくさんいたが、その中でもとりわけ思いの深かった、深草の四位少将の

地 一夜ごとに空しく通い詰めた恨みの数が積もり積もって廻ってきたのだ。さあまた今宵も小町の車の踏み台のところまで行って来よう。時刻は何時頃かと言うとすでに夕暮れ。折からの月を道連れに、行く手に我が道をふさぐ者がいようとも、決して止まるものではない。さあ行こう。

シテ〽いや小町と言ふ(イウ)人は、余りに色が深う(フコオ)て、彼方(アナタ)の玉章(タマヅサ)此方(コナタ)の文(フミ)、かき昏(ク)れて降(フ)る五月雨(サミダレ)の、虚言(ソラゴト)なりとも、一度(イチド)の返事(ヘンジ)も無う(ノオ)て、今百歳(イマモモトセ)になるが報(ムク)うて、あら人恋しやあら人恋しや。

ワキ〽人恋しいとは、さておことには如何(イカ)なる者の憑(ツ)き添(ソイ)ひてあるぞ

シテ〽小町に心を懸(カ)けし人は多き中(ナカ)にも、殊(コト)に思ひ深草(イフカクサ)の四位(シイ)の少将の

[歌]

地〽恨みの数(カズ)の廻(メグ)り来て、車の榻(シヂ)に通(カヨワ)はん、日は何時(ナンドキ)ぞ夕暮(イウグレ)、月こそ友よ通路(カヨイヂ)の、関守(セキモリ)はありとも、留(トマ)るまじや出で立たん

〔物着アシライ〕　大鼓・小鼓と笛であしらうリズムをころした演奏の間に、小町（シテ）は後見座で長絹（ちょうけん）を身に付け（または水衣の肩を下し）、風折（かざおり）烏帽子（えぼし）を着し、扇を持つ。

6

憑依（ひょうい）した四位少将の百夜（ももよ）通い　小町（シテ）は少将になりきって、長絹の左袖を被き（水衣の時は左袖を返し）、また向きを変えては詰め足をして百夜通いの夜道の様を、さらには指を折って夜の数を数えるなど、表意の所作を見せつつ舞う。なお「彩色（さいしき・いろえ）」などの小書（こがき）が入ると冒頭のシテ謡の後、〔イロエ〕となる（観世以外の諸流では常の型で〔イロエ〕や〔カケリ〕が入る）。また最後には扇で胸を押さえ、平座して急死した様を見せ、ワキを見る。

〔物着〕の後、下掛り諸流は「関守はありとも……」の地謡を繰り返す。小書「彩色」や宝生では〔イロエ〕の後に、「浄衣の袴……」のシテ謡を繰り返し、さらに地謡が返し句を謡う。〔歌〕の「百夜までと

〔物着〕

「通ひ往て」が下掛り諸流は「通ひ来て」となる。

小町 浄衣（じょうえ）（ここは形が似る狩衣（かりぎぬ）のことか）の袴（はかま）の裾（すそ）を掻（か）き上げ腰帯にはさんで、

地 狩衣の袴の裾をからげて、立烏帽子（たてえぼし）を折って風折烏帽子とし、狩衣の袖をうち被いて人目を避け、人に知られずに行くこの通い路は、月の夜も闇の夜も変わりなく、雨の夜も風の夜も、木の葉が時雨（しぐれ）のように降る秋の終わりとなり、雪の深い冬の夜となっても、

小町 とくとくと音を立てる軒の雨垂れにせかされるかのように、

地 行っては帰り、戻って来てはまた出掛け、一夜過ぎ二夜過ぎ、三夜四夜、七夜八夜九夜十夜、と夜を重ね、宮中の豊（とよ）の明かりの饗宴にも顔を出さずに、小町に逢えぬまま夜ごと小町の家の庭先に通い詰め、鶏の告げる時を違えることもなく、月の煌々と照る暁方に車の踏み台の端に

[歌]

シテ 〽浄衣（ジョオエ）の袴（ハカマ）かいとつて、

地 〽浄衣の袴かいとつて、立（タテ）烏帽子（エボシ）を風折り（カザヲリ）、狩衣（カリギヌ）の袖をうち被（カツ）いて、人目（ヒトメ）忍ぶの通路（カヨイヂ）の、月にも行く闇（ユヤミ）にも行く、雨の夜（ヨ）も風の夜（ヨ）も、木（コ）の葉の時雨雪（シグレユキ）深し

[□]

シテ 〽軒（ノキ）の玉水（タマミヅ）、とくとくと

[歌]

地 〽行きては帰り、帰りては行き、一夜（ヒトヨ）二夜（フタヨ）三夜（ミヨ）四夜（ヨヨ）、七夜（ナナヨ）八夜（ヤヨ）九夜（ココノヨ）、豊（トヨ）の明（アカリ）の節会（セチヱ）にも、逢（アワ）はでぞ通ふ鶏（カヨオニワトリ）の、時をも変（カエ）へず暁（アカツキ）の、榻（シヂ）のはしがき、百夜（モモヨ）までと通ひ往（イイ）て、九十九夜（クジュウクヨ）になりた

日数を書き付けて、百夜まではと通い詰めて、とうとう九十九夜目となったのだった。

小町　ああ苦しいめまいがする。

地　胸が苦しいと悶(もだ)えた末に、あと一夜というところで死んでしまった、深草の少将の、その恨みの思いが憑き祟って、このように小町を狂乱させるのだ。

7

結末　僧（ワキ）の説諭(せつゆ)とも小町（シテ）の述懐とも、第三者的な感懐とも取れる結末。小町（シテ）は夢から覚めたように静かに立ち上がり、扇を出し、常座から正面に少し出て合掌し、脇正面に向いて留める。シテに続き、ワキ・ワキツレが退場する。

諸流、詞章の異同はない。

地　こういう有様を見るにつけても後の世の安楽を、

り、

シテ〽あら苦し目まひ(イ)や、

地　〽胸(ムネ)苦しやと悲しみて、一(ヒト)夜(ヨ)を待たで死したりし、深草の少将の、その怨念(ヲンネン)が憑(ツ)き添ひ(イ)て、かやう(ヨオ)に物には(ワ)狂はするぞや。

［キリ］

地　〽これに就(ツ)けても後(ノチ)の世

願うことこそ人生のまことである。子供の砂遊びで仏塔を作るように一心に、み仏の黄金の肌を磨(みが)くように細やかに、仏に仕え花を仏に供えて、仏道に入ろうではないか。悟りにいたる道に向かおうではないか。

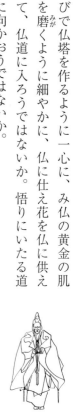

願(ネゴオ)ふぞ真(マコト)なりける、砂(イサゴ)を塔(トオ)と重ねて、黄金(ヲオゴン)の膚(ハダエ)こまやかに、花を仏(ホトケ)に手向(タム)けつつ、悟(サト)りの道に入らう(ロオ)よ、悟りの道に入らう(ロオ)よ。

〈卒都婆小町〉の舞台

観世流シテ方・河村　晴久

囃子方、地謡が着座し、〔次第〕の囃子が演奏されると、二人の僧（ワキ・ワキツレ）が登場する。高野山から都へ向かうと言い、道行を謡って着セリフ（観世流謡本には記載されない）で大阪の阿倍野に着く。改めて〔習ノ次第〕の囃子になり、小野小町（シテ）が登場する。客席からは見えないけれども、幕の内で囃子に合わせた足使いがあるなど、先程の〔次第〕とは囃子の手組、雰囲気も異なる。重い伝授物であり、所作、囃子に様々な秘事が有る。老女が笠を着け、杖を突き、とぼとぼと現れ、一旦休息し、再び歩み始める。身の境涯を歎く長い謡を謡いつつ、都を出て、鳥羽のあたり、桂川を眺め、疲れのあまり朽木に座する（5頁に記されるように観阿弥時代は阿倍野に至る長い謡があった）。「一度之次第」の小書（替演出）になると、まず後見が舞台上に卒都婆（葛桶で表す）を置き、〔習ノ次第〕で小町が現れ、一連の謡を謡い卒都婆に腰を下ろす。次に〔次第〕の演奏無しに僧が現れ、名乗った後、すぐに小町に声をかける。つまり〔次第〕が一度になる。

卒都婆に腰をかけたことを咎める僧、これを論破する小町。若い頃の才知を誇った有様がよみがえり、謡を畳み重ね、ノリよく会話が進む。小町は論戦に勝ち、僧に尋ねられ、名を明かす。昔とは変わり、身は衰え、乞食により命をつなぐ毎日。笠を篭に見立て、物乞いの有様を見せる。突然深草の少将が憑依し、狂おしく振る舞う小町。骨の太い写実芸を得意とした、初期の大和申楽の芸風を彷彿させる舞台展開である。

物着になり、上衣の水衣を取り、長絹をはおり、風折烏帽子を着ける。乞食の老女の姿が、この着装により気品有る深草少将へと変わる。この後、少将の百夜通いの再現となる。（百夜通いは『対訳で楽しむ　通小町』参照）「浄衣の袴かいとって」の後に〔イロエ〕の囃子事が入り、舞台を一周する事がある。小町へ寄せる深い想い故にとぼとぼと夜道を進む少将の姿、心が印象深く表される。

終末は一転して狂いから醒め、悟の道に入る。場面の進行が緻密、かつ躍動感があり魅力的な能である。

無紅鬘帯—金箔や銀箔を摺りつけた上に刺繍をした帯。老年の役には赤色（紅）の無いものを使う。

姥鬘—白髪の鬘。

中啓—老女扇。観世流では柳橋白鷺の図が描かれる。

無紅縫箔—金箔や銀箔を摺りつけた上に刺繍をした小袖の装束。上着の水衣や長絹の下になってあまり見えないが、腰巻という両肩を脱ぎ下げた着付けをしている。

風折烏帽子—立烏帽子の先端を折ったもの。紙と漆でできている。

面—姥など。

長絹—絽の薄地に金糸や色糸で模様を織りだした装束。飾り紐の露をつける。

葛桶—木地を漆で塗り上げたもの。舞台上では床几（椅子）として用いる。卒都婆小町の舞台では、卒都婆を表す。

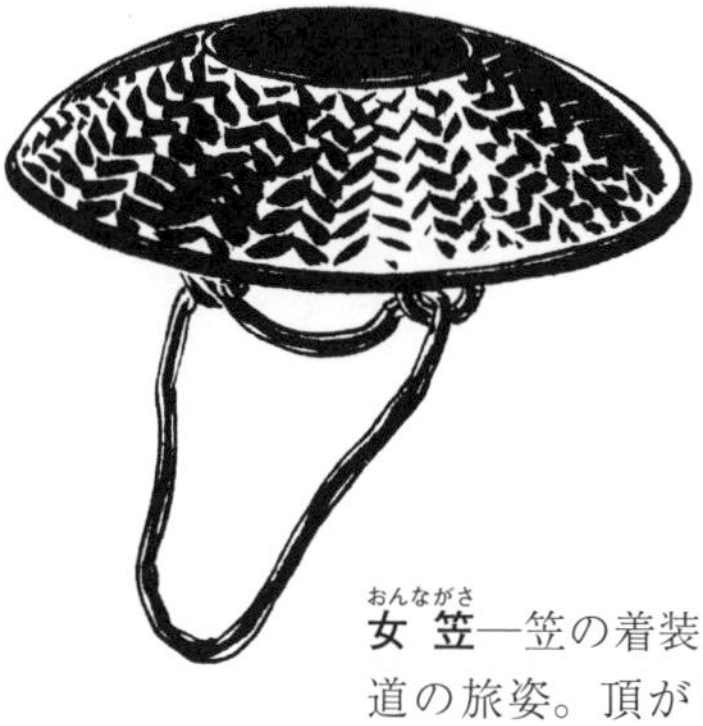

女笠—笠の着装は、長い道の旅姿。頂がとがっているのは男笠、平らに近い丸みのあるのが女笠。

能の豆知識

シテ　能の主役。前場のシテを前シテ、後場を後シテという。

ワキ　シテ（主役）の相手役。脇役のこと。

ツレ　シテやワキに連なって演じる助演的な役。シテに付くものをツレ（シテツレともいう）、ワキに付くものをワキツレという。

間狂言　能の中で狂言方が演じる役。アイともいう。狂言方の主演者をオモアイ、助演者をアドアイとよぶ。

地謡　能・狂言で数人が斉唱する謡。謡本に「地」と書いてある部分。地ともいう。能では舞台右側の地謡座と呼ばれる場所に八人が並び謡う。シテ方が担当する。

後見　舞台の後方に控え、能の進行を見守る役。装束を直したり小道具を受け渡しするなど、演者の世話も行う。

後見座　鏡板左奥の位置。後見をつとめるシテ方（普通は二人、重い曲は三人）が並んで座る。

見所　能の観客及び観客席のこと。舞台正面の席を正面、舞台の左側、橋掛りに近い席を脇正面、その間の席を中正面と呼ぶ。

物着　能の途中、舞台で衣装を着替えたり、烏帽子などをつけたりすること。後見によって行われる。

中入　前・後半の二場面に構成された能で、前場の終りに登場人物がいったん舞台から退場することをいう。

床几　椅子のこと。能では鬘桶（鬘を入れる黒漆塗りの桶）を床几にみたてて、その上に座る。

作り物　主として竹や布を用いて、演能のつど作る舞台装置。

〈卒都婆小町〉のふる里

阿倍野　大阪市阿倍野区

現在はＪＲ天王寺駅の南方の地域

先に記されているように、世阿弥の改作によって小町の謡が省略されたため、小町の到着した場所が明示されないが、僧の言葉により、大阪の南部、阿倍野の松原が舞台と知られる。熊野詣が盛んな頃には、大坂から熊野への街道がこのあたりを通り、この能に由縁の高野山参詣の人々も通った道である。阿倍野区王子町四―三には後代のものであるが、小町塚がある。また、能〈松虫〉の舞台でもある。

（河村晴久）

お能を習いたい方に

能の謡や舞、笛、鼓に興味をもたれたら、ちょっと習ってみませんか。どなたでも能楽師からレッスンを受けられます。関心のある方は、能楽堂や能楽専門店（檜書店☎０３‐３２９１‐２４８８　わんや書店☎０３‐３２６３‐６７７１　能楽書林☎０３‐３２６４‐０８４６など）に相談すれば能楽師を紹介してくれます。またカルチャーセンターでもそうした講座を開いているところがあります。

竹本幹夫（たけもとみきお）
早稲田大学名誉教授、東京生まれ。早稲田大学大学院文学研究科博士課程修了。
文学博士。
著書に、『観阿弥・世阿弥時代の能楽』（明治書院）、『風姿花伝・三道』（角川学芸出版）他がある。

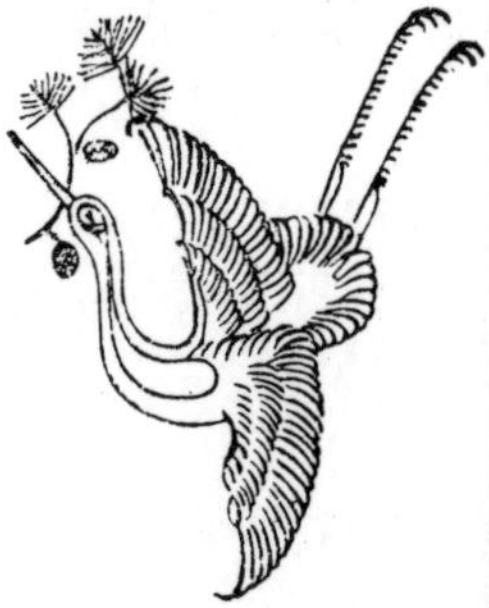

✣対訳でたのしむ✣
卒都婆小町（そとわこまち）

発行———令和２年10月31日　第一刷
著者———竹本幹夫
発行者——檜　常正
発行所——檜書店
東京都千代田区神田小川町2-1
電話03-3291-2488　FAX03-3295-3554
http://www.hinoki-shoten.co.jp
装幀———菊地信義
印刷・製本—藤原印刷株式会社

ISBN978-4-8279-1110-7 C0074
Printed in Japan

9784827911107

1920074007004

ISBN978-4-8279-1110-7

C0074 ¥700E

定価　本体700円+税

檜書店

卒都婆小町